AFFAIRE

DES

TROUBLES DE S^{TE} PÉLAGIE.

LE COMMISSAIRE DE POLICE

LENOIR

A

L'AVOCAT VERVOORT.

AFFAIRE DES TROUBLES DE SAINTE-PÉLAGIE.

Il est temps d'en finir avec tant
de jonglerie et d'impudeur.

PARIS,

A. PIHAN DE LA FOREST,

IMPRIMEUR DE LA COUR DE CASSATION,

RUE DES NOYERS, 37.

1835.

Paris, 2 mars 1835.

Si c'est par sympathie pour les théories politiques de vos cliens républicains, si c'est comme républicain vous-même qu'à l'occasion du procès relatif aux derniers troubles de Sainte-Pélagie, vous avez deversé sur nous, dans vos plaidoieries, l'insulte et la diffamation, je me bornerai à vous répondre :

« Quand chaque jour les notabilités de tout ordre, la magistrature, l'armée, les hauts dignitaires, le roi lui-même, sont en butte à d'iniques et insolentes attaques, un simple magistrat, un commissaire de police aurait mauvaise grace à s'offenser de vos injures. Vos injures ! elles honorent, c'est un brevet d'honnête homme et d'homme sage que vous délivrez à votre insu ; car désormais l'opinion publique, désabusée sur votre compte, vous apprécie ce que vous valez, les uns comme des intrigans, les autres comme des brouillons, des fous. »

Si c'est comme avocat et quoiqu'avocat que vous n'avez pas rougi de mettre le pied dans cette lice dégoûtante, alors à vous, qui avez eu la prétention de nous enseigner les devoirs de notre magistrature, je vais rappeler ceux de votre profession, et dire, à mon tour, de quel nom il convient de flétrir celui qui les méconnaît.

Vous avez parlé d'écharpe avilie ; je vais vous parler de toge traînée dans la boue : puis aux hommes de bonne foi à décider de quel côté sera la souillure.

Oui, c'est une belle et noble tâche que celle de défendre tour à tour l'honneur, la fortune, la vie de ses concitoyens ; tâche d'autant plus noble *qu'elle ne doit s'accomplir que par des moyens avoués de l'honneur.* Mais aurait-il le droit d'en revendiquer les immunités celui-là qui transformerait son diplôme d'avocat en une ignoble patente, pour faire un ignoble trafic ; celui-là qui tendrait la main à toutes les passions, quelles qu'elles fussent, comme la prostituée tend la main à tous les passans pour les attirer en son bouge, dans l'espoir du gain, celui-là enfin, qui dirait à la calomnie : « Tu ne sais comment te produire impunément.... eh bien, paye ! achète-moi le droit de te couvrir d'un pan de ma robe et marchons ensemble au palais ; là tu retentiras par ma voix, la presse fera écho !

« Venez, venez tous à moi, vous surtout qui savez que pour long-temps l'émeute est une arme brisée entre vos mains, et que le dernier moyen qui vous reste est la guerre sourde de la diffamation ; espèce de mine qu'on prépare de longue main, dans l'espoir de chances à venir pour recommencer le combat.

« Le peuple, incapable de s'émouvoir pour des abstractions politiques qu'il ne saurait comprendre, a besoin d'être trompé ; adressez-vous donc à ses passions, à ses intérêts ; criez-lui incessamment qu'on l'oppresse qu'on le trahit. Pour le peuple du mépris à la haine, et de la haine à l'attaque il n'y a qu'un pas : eh bien ! pour l'amener au mépris et l'exciter à la haine, feignez de saintes indignations ! dénaturez, inventez, ce que vous répéterez tant et si haut, l'on finira par y croire; c'est la goutte d'eau qui avec le temps creuse le roc sur lequel elle tombe sans cesse.

« Il n'y a pas d'événement petit ou grand, burlesque ou grave qui ne puisse être exploité, surtout pour peu que la police y figure; et où n'est-elle pas forcée de donner signe d'existence, tant ses attributions sont nombreuses et compliquées? La police c'est le bouc émissaire, c'est la providence des ennemis d'un gouvernement; pour le perdre il suffirait presque de s'acharner contre elle; il faut que la police ait mille fois raison pour qu'on ne lui donne pas tort, et puisque le public est ainsi fait, profitons-en.

« Une marchande de pommes stationne-t-elle dans la rue, non loin de la boutique d'une fruitière? celle-ci qui paie boutique et patente, ne manquera pas de réclamer, au nom des ordonnances, contre la présence de l'étalagiste à sa porte : alors intervient un agent de police qui ordonne à la première de circuler; elle s'y refuse, un conflit s'engage, les pommes roulent dans le ruisseau, et l'étalagiste récalcitrante va calmer sa colère au violon.

« En voilà dix fois plus qu'il n'en faut pour un avocat qui veut y mettre un peu de bonne volonté : vous avez là *oppression du faible par le fort; exploitation du pauvre au profit du riche ; entrave au libre exercice des professions; violation de la liberté individuelle;* et enfin, *la police Gisquet, police farouche assassinant les citoyens en pleine rue et en plein midi.*

« Tout cela à propos de la marchande de pommes et de son éventaire : qu'en dites-vous ?

« Par là jugez de ce qui advient s'il s'agit de l'arrestation d'un étudiant qui aura dansé *le chahut* à la Chaumière, ou de quelqu'autre affaire de cette importance : oh ! alors nous faisons feu de toutes nos batteries, c'est un vacarme à n'y pas tenir, c'est véritablement assourdissant.

« Pour nous avoir résisté depuis trois ans, il faut que Gisquet ait l'ame chevillée dans le corps.....

« Mais, poursuivons :

« Un procès politique est à juger, dont les prévenus sont en prison : conseillez-leur la ré-volte, voici quel sera le résultat :

« Parviennent-ils à s'évader ? non-seulement

les coupables échappent au châtiment, mais encore l'évasion sera imputée à la police ; ce sera un machiavélisme de sa part pour se tirer de l'embarras où la met la nécessité de faire juger enfin des citoyens innocens, qu'elle retient préventivement dans ses cachots depuis une année.

« L'évasion n'a-t-elle pas lieu ; la révolte est-elle réprimée ? la carrière s'agrandit, à nous les malédictions contre le gouvernement et ses suppôts ! car c'est la police, toujours la police qui provoque les troubles pour avoir le prétexte de se livrer à ses brutalités : voilà plus de deux cents ans que cette phrase là est faite et qu'on la répète ; la prescription nous est acquise, nous sommes dispensés de prouver, on nous croit sur parole.

« Si l'administration garde le silence, elle est tenue pour convaincue.

« Si elle en réfère aux tribunaux, c'est nous conduire au triomphe, c'est nous faire monter au Capitole. Désordres, provocations, violences de notre part, nous nierons tout : mais qu'en se débattant un prisonnier ait reçu une chiquenaude nous crierons à l'égorgement ; nous dirons *qu'une horrible pensée préoccupait la police, celle de terminer le procès-monstre entre les quatre murs d'une prison ; d'en finir avec les débris d'avril par un assassinat! Et cette mission de sang ce seront les commissaires de police Milliet et Lenoir qui s'en étaient chargés : si elle n'a point été accomplie, c'est que le cœur a failli aux bourreaux en présence de la résolution des victimes* (1).

« Nous savons bien que ceux qui connaissent les prétendus bourreaux hausseront les épaules de pitié ; mais ceux qui ne les connaissent pas, et c'est le plus grand nombre, pourront au moins douter....

« Et voilà précisément le but atteint! voilà le moyen de harceler un gouvernement, de le rendre suspect, odieux, et surtout de dégoûter profondément ceux qui le servent.

« Calomniez donc! calomniez encore! calomniez toujours! il finit par en rester quelque chose : ce sera au moins une vengeance ; c'est la dernière consolation des vaincus.

« Ainsi payez, et marchons au palais ; je le veux. » Et cela a été textuellement plaidé.

jeterai dans la balance, en votre faveur, la pré-
vention favorable, les idées d'honneur et de
loyauté que le monde attache à la profession
« du barreau, le *vir probus* enfin : tous se dé-
« fieraient des récriminations de l'accusé, beau-
« coup croiront l'avocat. »

Arrière celui-là ! il serait indigne du titre
d'avocat; c'est à lui qu'il conviendrait de ren-
voyer l'épithète de misérable !

Il est temps d'en finir avec tant de jonglerie
et d'impudeur.

Au surplus, l'occasion ne pouvait être plus
solennelle : car en même temps que jamais
peut-être magistrat de police ne fut attaqué
avec plus d'indignité que je ne l'ai été par
vous; jamais je ne crus, au contraire, avoir
mérité plus justement l'approbation et l'estime
publique. Ma conscience semblait pressentir
ces paroles de l'avocat du roi, M. Poinsot :

« Le commissaire de police Lenoir tenait de
son caractère et de la gravité des circonstances
un pouvoir immense, dont l'action pouvait être
terrible, il n'en a pas fait usage, grace lui en
soit rendue! Ce magistrat a bien compris que là

sa mission était de *patience* et d'*humanité* autant que de *force ;* qu'il en soit loué ! »

M. l'avocat du roi s'est étrangement abusé, ou l'avocat Vervoort a bien lâchement calomnié.

Pour mettre le public à même de prononcer, il suffit de lui communiquer un seule pièce du dossier, pièce officielle que vous connaissez, mais dont vous n'avez eu garde de parler, si ce n'est pour ricaner de ce qu'à propos de la *Carmagnole*, je m'y suis servi de l'expression *ronde révolutionnaire*, ce qui a paru vous scandaliser fort.

Voici cette pièce ; c'est le rapport *privé* adressé par moi à M. le préfet de police, le dimanche soir, en sortant de Sainte-Pélagie ; rapport dans lequel je pouvais d'autant moins m'écarter de la rigoureuse vérité que l'affaire était grave, et que je n'ignorais pas que d'autres rapports, émanans d'agens secrets, allaient nécessairement mettre M. Gisquet à même de contrôler le mien.

28 Septembre 1834 (minuit).

Aujourd'hui, vers sept heures et demie du soir, averti que depuis une heure environ des dispo—

sitions au désordre se manifestaient parmi les détenus de Sainte-Pélagie, je me rendis immédiatement à cette prison.

En arrivant, je trouvai les détenus ameutés dans leurs cours respectives, chantant ou plutôt hurlant des chants républicains; dansant la ronde révolutionnaire dite la *Carmagnole*, autour de paillasses en feu, traînées là par eux, au risque d'incendier la prison; en un mot, donnant tous les signes des dispositions les plus furibondes.

Aux premières tentatives qu'on fit pour les ramener par la persuasion, ils prétendirent qu'on les avait provoqués à ces excès en poussant la persécution jusqu'à vouloir les empêcher de chanter, même des chansons inoffensives.

Il leur fut répondu qu'on les avait simplement engagés à ne point abuser, eux, de la faculté de chanter jusqu'à se concerter, se réunir par chœurs de centaines de voix pour pousser des vociférations intolérables, aussi bien pour la discipline intérieure de la maison que pour la tranquillité du quartier au milieu duquel se trouve située ladite prison.

N'ayant rien à répliquer à cela, ils mirent d'autres prétextes en avant ; par exemple, de prétendus griefs contre un gardien, qui aurait fait à un détenu la proposition de lui servir d'espion. Mais comme ce fait, fût-il vrai (et ils n'ont pu en administrer aucune preuve), ne justifiait pas les désordres graves auxquels ils se livraient, et comme les meneurs voyaient l'effervescence tomber peu à peu devant nos efforts conciliateurs, ils prirent le parti de rompre tout pourparler ; en conséquence, nous ne nous trouvâmes plus au milieu de prisonniers ordinaires, mais bien d'une meute de forcenés : pour ma part, dans la cour du centre où j'étais seul, le greffier et un autre employé qui m'accompagnaient *ayant été repoussés violemment*, je fus entouré, pressé ; on ne porta pas la main sur moi, mais on me dit *qu'il y allait de ma vie si je ne me retirais à l'instant ;* et ces menaces, qui n'étaient point sans une triste portée, car, au milieu de l'obscurité et du pêle-mêle, un rien pouvait en amener l'exécution, ces menaces, dis-je, étaient accompagnées de déblatérations atroces contre le gouvernement, d'injures contre les magistrats de tout ordre, contre la chambre des pairs ; enfin des cris séditieux de vive la république! à bas Philippe! mort au roi!

Comme il était nuit, et que l'obscurité où nous étions m'empêchait de distinguer suffisamment les traits des principaux acteurs de cette saturnale, de manière à pouvoir les reconnaître ultérieurement, je finis par me retirer, emportant la conviction qu'il n'y avait que deux moyens à employer, savoir :

1° Le recours à l'usage immédiat de la force, *avec la certitude d'être dans la nécessité de faire tuer au premier choc une douzaine de ces hommes momentanément égarés ;*

2° Ou bien de laisser cet état de fièvre achever son paroxisme, et s'épuiser de lui-même ; sauf à sévir administrativement le lendemain contre ceux des perturbateurs qu'une enquête ne peut manquer de faire découvrir.

Le directeur étant d'accord avec moi que le dernier de ces moyens était le préférable, on se borna à prendre toutes les précautions que suggérait la prudence, pour concentrer et retenir

le désordre dans les limites où il me parut con-
venable, humain de le laisser se débattre et
expirer.

Ce qu'on avait prévu arriva ; de guerre lasse,
les perturbateurs s'arrêtèrent enfin. Toutefois
il est certain que l'appréhension des voies de
rigueur, dont il était possible qu'on usât d'un
instant à l'autre, contribua à les calmer ; ce
qui le prouverait c'est qu'ils refusèrent obstiné-
ment de se laisser enfermer dans leurs cellules
respectives (comme c'est l'habitude) lorsque fut
venue l'heure de la fermeture, *disant qu'alors
on serait maître d'eux*. En conséquence, ils
demandèrent à n'être enfermés que dans les
corridors ; concession qui leur fut faite, afin de
leur ôter jusqu'au dernier prétexte de prolon-
ger le désordre plus avant dans la nuit, car
il était déja près de onze heures.

Notre attente fut remplie ; à onze heures tout
était calme et je pus me retirer, renvoyant au
lendemain l'enquête sur l'ensemble de ces faits.

Signé : Lenoir.

Encore ce rapport est-il froid, décoloré : il

suffisait pour éclairer M. le préfet de police sur l'ensemble des faits ; mais qu'il est loin de peindre avec les couleurs qui lui sont propres l'effrayant spectacle qu'offrait la prison au pouvoir des prisonniers révoltés, la nuit, à la réverbération des feux, au milieu du tumulte, des chants forcenés, des cris de mort!.... Il ne peint pas surtout l'aspect sinistre de cette cour du centre, au moment où j'y pénétrai pour tenter par moi-même les paroles de conciliation. Là, dans cet instant, pas d'autre lumière qu'une chandelle, que tenait un détenu (de ce côté les feux expiraient faute d'aliment); on éteint cette lumière, puis l'on m'entoure ; l'obscurité est profonde, je suis insulté, on me menace, on me somme brutalement de m'éloigner, il y va de la vie.... et parce qu'un sentiment, que comprendra tout homme de cœur, me fait répugner de paraître céder à la peur ; parce que je ne me retire pas assez vite, un prisonnier s'avance, qui me dit : « Penses-
« tu donc que ta vie pèse plus que celle d'un
« roi? Si nous en tenions un ici, tu verrais ce
« que nous en ferions. »

Je me retirai enfin.

Alors si j'eusse été homme à me laisser do-
miner par la colère, quand il était si nécessaire
de demeurer maître de soi; homme à faire de
la passion, ou seulement même de la froide et
inflexible justice, quand c'était l'humanité qui
devait parler le plus haut, alors, dis-je, j'au-
rais usé de ce pouvoir immense que je tenais
de la loi, comme vous l'a dit M. l'avocat du
Roi, et de grands malheurs en fussent résultés.

Mais, je le répète, j'ai jugé que j'avais affaire
non à des détenus jouissant de leur raison ha-
bituelle, mais à des hommes *momentanément*
fous, aliénés, contre lesquels je ne pouvais me
résoudre à lancer la force armée. Dans une
circonstance donnée, je pourrais obéir, j'obéi-
rais à la déplorable nécessité d'ordonner le feu sur
des révoltés libres; mais sur des aliénés et des
captifs.... ah ! c'est une extrémité qu'il doit être
permis de ne pas prévoir.

Cependant *une grande responsabilité pesait
sur moi :* une évasion pouvait avoir lieu, un
incendie pouvait se déclarer. Vous m'accusez
d'avoir trop fait; d'autres, avec plus de raison,
m'auraient reproché alors de n'avoir pas fait assez.

Et voilà l'homme à qui vous avez jeté à la figure les épithètes de tigre, de misérable ; le magistrat qui, suivant vous, avait accepté l'exécrable mission d'en finir avec les débris d'avril par un assassinat !

Qui de nous deux est un misérable ?

Viendrez-vous d'aventure invoquer l'intérêt des accusés, les droits sacrés de la défense ? Arrière ! arrière ! Comme les harpies de la fable, vous souillez tout.

Est-ce que, pour ne pas recourir à une éloquence de halle, tant de membres distingués et honorables du barreau désertent pour cela l'intérêt de leurs cliens ? Est-ce qu'il aurait énervé en rien la puissance de son argumentation celui qui, à l'occasion de l'erreur commise relativement à la fenêtre où l'on a cru avoir aperçu Cendrier (si tant est qu'il y ait eu erreur) aurait dit aux juges :

« Il ne vous a point échappé qu'à chaque instant, dans ce débat, des erreurs de personnes et de localités ont lieu aussi bien de la part des témoins à charge que de ceux à décharge ; circonstance qui du reste s'explique naturellement par le désordre au milieu duquel se sont passées les scènes dont ils déposent devant vous. L'un des commissaires de police a lui-même subi l'inévitable conséquence de cet état de confusion, il a cru voir Cendrier au nombre de ceux qui faisaient pleuvoir, par leurs fenêtres, des débris de toute sorte ; tandis qu'il est démontré que la fenêtre de Cendrier ne donne pas sur la cour où le commissaire de police se trouvait dans le moment indiqué. Loin de nous la pensée que cette déposition inexacte soit faite sciemment ; mais enfin l'erreur existe, et, par cela surtout que c'est un magistrat qui la commet, elle doit d'autant plus vous prémunir contre la possibilité d'autres erreurs, etc., etc. »

Tel est le sens dans lequel aurait parlé un avocat, homme d'honneur ; un de ces hommes qui se respectent trop eux-mêmes pour manquer gratuitement à un autre.

Mais vous, histrion politique, dont les tréteaux sont au Palais ; vous dont la mission paraît être le dénigrement de tout ce qui se rattache au gouvernement actuel, et qui, dans ce but,

faites métier de l'invective et de la diffamation,
vous vous êtes écrié :

« Je prends le commissaire de police Lenoir
« *en flagrant délit de mensonge;* c'est un *mi-*
« *sérable,* un homme *indigne du caractère*
« *dont il est revêtu,...* et voilà en quelles mains
« *impures* la cité est remise ! »

En attendant la préserve le ciel de tomber
entre les vôtres ! vous qui souriez avec tant de
complaisance à votre client Landolphe, disant
à la face des juges :

« Oui, la *Carmagnole*, dont s'effarouchent
« vos oreilles, est le chant national par ex-
« cellence pour nous, qui sommes républi-
« cains et républicains *montagnards;* car le
« 93 que vous prétendez flétrir, *celui de*
« *sang*, est précisément celui que nous reven-
« diquons, et dont nous sommes prêts à assu-
« mer sur nous toute la responsabilité. »

Encore une fois, si mal que soit cette pauvre
cité entre nos mains, Dieu la préserve de pas-
ser aux vôtres !

Mais, en vérité, parce que nous ne sommes
pas d'humeur à assumer aussi lestement, sur

nous, la responsabilité d'un nouveau 93, ne dirait-on pas que nous ne sommes plus dès-lors qu'un troupeau de serviles; ne semblerait-il pas que le gouvernement ne recrute ses agens que parmi les hommes sans principes politiques, sans libéralité dans les idées et sans énergie dans le caractère?

C'est encore là une de vos malveillantes et niaises insinuations : heureusement les faits sont là pour en faire bonne justice.

De la libéralité dans les idées; mais nous en avons, puisque nous avons long-temps combattu sur le même terrain que vous.

De l'énergie dans le caractère : vous ne nous en refuserez pas quelque peu; car non-seulement nous avons eu celle de rompre en visière avec vous, dès que nous avons jugé que vous vouliez aller trop vite et trop loin, mais encore nous avons pris position devant vous et contre vous; et depuis avons-nous fait défaut sur la brèche?

Ne serait-on pas fondé plutôt à affirmer que vous en voudriez beaucoup moins à ce pauvre gouvernement si ses rouages grands et petits étaient réellement aussi pourris que vous le dites, et surtout si la main qui donne l'impulsion à toute la machine était moins ferme.

Là dessus vous vous tirerez d'affaire en nous traitant de renégats : ainsi l'a fait l'un de vos témoins, l'auteur de la Némésis incorruptible, M. Destigny, qui, à l'audience, a protesté que *s'il avait été carbonaro comme moi, du moins il n'eût jamais été parjure.*

A ma place vous lui eussiez répondu, en style d'avocat (avocat de votre espèce, cela s'entend), *qu'il en avait menti.*

Mais moi, qui n'ai pas même donné un démenti à votre client Landolphe lorsque, contrairement à la vérité, il jurait, sur l'honneur, que j'en imposais en déclarant être entré dans sa cellule ; moi qui me suis contenté de répondre : « Le prévenu se trompe ; l'état d'exaspé- « ration dans lequel il était l'aura empêché de « me remarquer parmi les personnes entrées « en même temps chez lui ; » moi, dis-je, je me bornerai à répondre à M. Destigny :

Vous vous trompez, je n'ai point été carbonaro ; mais en revanche j'ai été poète, et, qui pis est, poète satyrique, tout comme vous; du moins l'avais-je rêvé ainsi. C'était en l'an de grace 1825, par un jour de transport au cerveau très probablement; j'écrivais :

. . . .

. . . .

« Moi, chétif, au hasard jeté

« Sur ce petit monceau d'argile ;

« Par le vent de l'adversité

« Battu comme un roseau fragile;

« Pauvre, inconnu, seul ici-bas,

« N'ayant d'autre destin au monde

« Que de m'y traîner quelques pas,

« Et rentrer dans la nuit profonde ;

« Que n'ai-je, par un sort plus doux ,

« De la précieuse semence

« Par l'étude versée en nous ,

« Hélas ! vu nourrir mon enfance.

« Un jour fréquentant les sentiers

« A Boileau frayés par Horace ,

« Et de loin marchant sur la trace

« De ces immmortels devanciers ;

« Osant de mes lèvres avides

« Toucher les enivrantes eaux

« Des fontaines Aganipides ,

« Dont tous deux tarissaient les flots ;

« Peut-être, en mon brûlant délire,
« Plein de Dieu qui les eut dictés,
« Aurais-je redit sur ma lyre
« Des vers dignes d'être écoutés.
« Alors, à l'ardeur qui m'anime
« Contre tout coupable penchant,
« A ma profonde horreur du crime,
« A ma haine pour le méchant,
« Je le sens, au prix du martyre,
« Dans mes impitoyables mains
« Tenant le fouet de la satyre,
« Je châtîrais les vils humains ;
« Et plus d'un puissant de la terre,
« Par moi flétri, déshérité
« De toute gloire mensongère,
« Irait à la postérité
« Tout stigmatisé des empreintes
« De mes déchirantes atteintes. »
. . . .
. . . .

Puis j'exhalai ma bile : sur la foi des jour-
naux, éternels échos des mensonges, des diffa-
mations, qui dans tous les temps ont été le
gagne-pain de quelques misérables, je me mis
à mordre à belles dents des gens que je n'avais
jamais vus, et dont je savais juste assez le nom

pour pouvoir le clouer à mes hémistiches; cela tenait de la rage : « *Archilocum proprio rabies armavit iambo.* »

Je doute fort que mes vers aillent à la postérité; ce qui est plus certain c'est que l'auteur alla en prison : et maintenant que, grace à Dieu, mon délire poétique est calmé depuis long-temps, j'avoue franchement que je l'avais bien mérité.

Et je serai un renégat parce que je parle ainsi aujourd'hui !

Non; je suis simplement un homme qui a sur M. Destigny et sur tant d'autres jeunes gens comme lui, le triste privilége d'avoir vieilli. Lorsque eux aussi auront mes quarante ans, grand sera leur étonnement des modifications successives que le temps aura apporté dans leurs idées : la connaissance plus intime des choses et des hommes; les besoins et les obligations qui naissent des relations sociales, du lien de famille, et vont toujours se compliquant; tout jusques aux goûts qui changent avec l'exaltation ou la décroissance des facultés physiques; tout, dis−je, viendra leur apprendre qué la vie est une étude de chaque jour ; qu'elle a des secrets que la théorie peut révéler, mais non toujours faire comprendre, en sorte que, jusqu'à ce que l'expérience soit venue nous convaincre, on court risque d'errer : or, dans le doute, la sagesse consiste à s'abstenir, ou du moins à ne s'avancer qu'avec une extrême réserve.

Mais cela ne ferait pas le compte des intrigans, à qui il faut du désordre parce que leur existence n'est qu'à ce prix.

Aussi quelques-uns, pour ce que je viens de dire, me traiteraient volontiers d'*égorgeur* et de *misérable*, s'ils étaient avocats (toujours sous-entendu avocats de votre espèce). La science par excellence se trouve infuse, à les entendre, dans les cervelles de vingt ans ; et ils agissent en conséquence de ce bel apophthegme ! Cela rappelle cet axiome d'escrime qui dit que la première année l'on apprend à se faire tuer ; la seconde, à se défendre ; la troisième, à tuer les autres ! Eh bien ! c'est dès la première année de salle que les intrigans, ces prétendus professeurs d'escrime politique persuadent à leurs adeptes

qu'ils sont de force à se présenter dans la lice....
et la jeunesse de s'y précipiter, d'abord rieuse
et folle qu'elle est.... puis elle se pique au jeu....
son sang s'allume.... elle délire.... et l'intrigue
triomphe !

Oh ! que de pareils instituteurs figureraient
avec justice sur les bancs d'une galère !

Mais patience. Pour cette jeunesse trompée
la main du temps tourne chaque jour un feuil-
let du livre de la vie ; et un jour son mépris
paiera, à ceux qui auront abusé de l'inexpé-
rience de son âge, un salaire digne d'eux !

Et comme il n'y a que les imbécilles qui ne
savent pas lire dans ce livre, et que les méchans qui ne profitent pas des leçons qu'on y
puise (malheureusement les imbécilles et les
méchans composent une nombreuse famille),
j'ai la conviction qu'avec le temps M. Destigny
comprendra une foule de choses qui, pour le
moment, lui paraissent incompréhensibles.

Telle est même ma foi que j'espère l'entendre
confesser bientôt les trois vérités suivantes :

1° Que le progrès social n'a pas d'ennemis
plus réels que certains de ses prétendus partisans,

attendu que la licence est capable de dégoûter de la liberté, qu'elle nous en dégoûte.... et que c'est là leur unique chef-d'œuvre jusqu'à présent.

2° Que la garantie qu'offrent les modernes républicains *montagnards*, assumant sur eux la responsabilité de tout le sang d'un nouveau 93, est une de ces garanties qui glacent d'épouvante ! ! !

3° Qu'il y a un peu plus de sécurité pour la France avec un gouvernement dont le chef joue depuis cinq ans une partie si serrée, si habile contre les factions de l'intérieur et les roueries diplomatiques de l'étranger, que jusqu'à présent les plus fins y ont perdu leur enjeu ; que ses ennemis eux-mêmes sont forcés de lui rendre justice, et que si ce n'est un reste de honte et de rancune, qui les retient encore, ils commenceraient volontiers à parier de son côté.

Quant à ce qui est de savoir à qui de nous deux convient l'épithète de *misérable;* si c'est le magistrat de police Lenoir qui a sali son écharpe, ou l'avocat Vervoort, qui a traîné sa toge dans la boue, j'accepte avec confiance le public pour juge.

Note explicative de l'ensemble des faits, pour les Personnes qui n'ont pu suivre les Débats de cette Affaire. (*Septième chambre de la police correctionnelle ; audiences des 25, 27 et 28 février 1835.*)

La prison de Sainte-Pélagie est divisée en trois sections *séparées*, dites du *bâtiment neuf*, du *centre* et de *l'ancienne dette*.

Le dimanche (28 septembre 1834) la révolte commence : expulsion violente des gardiens ; feux allumés ; magasin forcé ; vociférations ; menaces de mort contre quiconque intervient pour rétablir l'ordre.

Le lundi matin, alors qu'on espérait que l'effervescence de la veille était calmée, l'insurrection se rallume avec plus de force ; là un guichet est envahi et forcé ; plus loin *les énormes garnitures en fer d'une porte sont sciées ;* partout on brise, on enfonce, il n'y a plus de clôture intérieure, et les trois sections *séparées,* désormais réunies forment une masse compacte de *deux cents révoltés,* qui parcourent la prison en maîtres : une évasion de vive force est imminente.

C'est alors que la police se hâte d'accourir, appuyée de la garde municipale. Mais c'est alors aussi qu'alliant la prudence et l'humanité à la fermeté nécessaire, elle parvient, *après des efforts inouis,* à réintégrer les prisonniers dans leurs cellules respectives, sans recourir à la force des armes, sans qu'il y ait eu autre chose que quelques collisions partielles entre les agens et ceux des détenus qui se montraient les plus intraitables.

Le mardi, l'autorité, jugeant un exemple nécessaire, donna l'ordre de transférer à la Force ceux des prisonniers connus pour les principaux fauteurs du désordre : ici se renouvelèrent des collisions isolées entre les agens et ceux des détenus qui voulaient résister à cet ordre.

Ce sont ces conflits, dont le résultat *positif* se borne à quelques coups de poing, qui ont donné lieu aux récriminations outrées, extravagantes des prévenus et de leurs défenseurs.

Mais encore à qui les prévenus doivent-ils s'en prendre? Quand nous avons obtenu de nos agens de se laisser provoquer, invectiver sans broncher, n'est-ce pas tout ce qu'il est raisonnablement possible d'en attendre? Pouvons-nous exiger qu'ils se laissent frapper sans se défendre? Pense-t-on qu'à raison de trois francs par jour, ce soit des philosophes que la police puisse avoir pour sergens de ville?

Quant aux violences imputées *personnellement* aux deux commissaires de police, il est au-dessous d'eux de répondre à de pareilles accusations.

Veut-on connaître le véritable tort de la police, son tort irrémissible au fond de la pensée de ceux qui lui en imputent de mensongers? c'est d'avoir échappé au double piége qui lui était tendu, c'est-à-dire à l'alternative ou de laisser consommer une évasion, ou de recourir à la rigueur des armes pour vaincre la révolte. Comment persuader maintenant au public que notre mission était *de terminer le procès-monstre entre les quatre murs de la prison, d'en finir avec les débris d'avril par un assassinat?* Comment espérer pouvoir se jouer de lui plus long-temps, en cela comme en tant d'autres choses?

A. PIHAN DE LA FOREST,
IMPRIMEUR DE LA COUR DE CASSATION,
Rue des Noyers, n° 37.